RÉUSSIR
DANS LE E-COMMERCE
EN 2020

TABLE DES MATIERES

À propos .... page 3

Introduction .... page 4

E-commerce : Covid-19 et perspective .... page 5

Concept e-commerce .... page 5

À qui est destiné cet ebook ? .... page 6

Le e-commerce et ses variantes .... page 7

Les différentes formes de commerce électronique .... page 10
1-Profil commercial
2. Modèle commercial

Stratégie 1.. page 12
Percer au milieu de la concurrence dans votre secteur

Stratégie 2.. page 14
Créer une marque à faibles coûts

Stratégie 3.. page 16
Fournir un service à la hauteur des attentes des clients

Stratégie 4.. page 18
Comment drainer la clientèle de la concurrence vers votre boutique ?

Conseils pour réussir son e-commerce en ligne.................................... page 20

Conclusion .... page 22

A PROPOS

Anoh Reine est une jeune entrepreneure dont l'ambition est aussi grande que son esprit artisan dans le domaine des affaires. Novatrice par ses idées, elle s'insurge contre l'ordre établi des choses en s'inscrivant d'emblée parmi les pionniers de la nouvelle ère. D'aideurs visionnaire, elle a su par son esprit critique et observateur anticiper sur la pandémie qui ne cesse de ravager la Terre entière. Oui, déléguée médicale et prétendante en commerce international, elle a su allier médecine et commerce pour mettre en relief l'avènement incontournable du commerce électronique au niveau non seulement local , mais aussi mondial. Les événements conjoncturels viennent de lui donner raison. En effet, le commerce international classique ayant été atteint de plein fouet par la contamination avérée et extraordinaire du virus « Covid-19 » qui s'est répandu comme une trainée de poudre, les pays ont été obligés de fermer leurs frontières pour essayer d'empêcher la propagation de la maladie, sinon la contenir. Parmi les mesures qui ont été prises d'une façon drastique, le confinement partiel ou total ou les deux à la fois est venu définir de nouveaux rapports sociaux, de nouvelles habitudes tant alimentaires que sanitaires et surtout une nouvelle façon d'appréhender les opérations commerciales dites domestiques au niveau interne.

Anoh Reine est loin de se définir comme experte en la matière, seulement ses études, ses bagages et son observation ciblée du paysage commercial lui ont permis d'analyser la situation afin d'en tirer les enseignements nécessaires. Confiante en ses capacités, Anoh Reine a poussé la porte de l'entreprenariat en misant sur ses atouts et sur son savoir. Avec des débuts difficiles et parfois décourageants, elle a réussi à relever le défi. Aujourd'hui heureuse, elle livre dans ce modeste ebook ses propres expériences ô combien fructueuses pour nous éclairer le chemin du commerce électronique avec une approche tout aussi empirique que fondamentale.

L'objectif de ce livre s'inscrit en droite ligne dans la vulgarisation des concepts et des stratégies à mettre en œuvre pour mettre de son côté les véritables outils du succès. Ce livre a le privilège d'expliquer dans une liste non exhaustive de stratégies a priori simples, mais dont l'efficacité ne saurait être démentie. Grâce à cet apport conséquent, le e-commerce n'en sera que reluisant.

INTRODUCTION

L'internet, de plaisant à ludique, est passé en l'espace d'un temps très limité à un phénomène mondial incontournable en ce sens qu'il a réussi à mettre en relation des centaines de milliers, voir de millions d'internautes en même temps. L'internet est venu offrir une panoplie illimitée de possibilités aux intervenants au niveau de la recherche, du savoir. Transformant le Monde un petit village, il a élargi le champ de la connaissance et de la correspondance. Certes, tout n'est pas rose et tout n'est pas que printemps, dans cet univers du Web regorgeant tout à fait de violences. Anonyme et inconnu derrière son écran l'internaute se sent lui pousser des ailes, jusqu'à se sentir doté d'une impunité inégalable. Ce sentiment d'impunité lui confère une certaine puissance qu'il met à contribution pour sévir au mépris de certaines valeurs.

Le monde virtuel est tellement riche qu'il devient magique en nous rapprochant par la magie d'une petite souris à l'autre bout du monde sans quitter sa place. Des gens de tout genre, de tout âge et de toute race peuvent s'y rencontrer en échangeant toutes sortes d'informations et en diffusant tout type de connaissance, et ce à l'échelle planétaire. Cependant tout ce qui brille n'est pas que de l'or et il va falloir séparer le bon grain de l'ivraie. En effet, le vrai circule à côté du faux et du beau avec le fallacieux. Ceci est dû, évidemment, aux comportements irresponsables et, hélas, parfois néfastes des utilisateurs du Net. Bien qu'il soit utile, efficace et éducatif, Internet demeure un piège où peuvent s'engouffrer notre inexpérience et notre vulnérabilité. Cet outil merveilleux par excellence peut s'avérer dangereux en mettant à nu notre fragilité et notre intimité et parfois conduire à une addiction non souhaitée.

E-COMMERCE : COVID-19 ET PERSPECTIVE

Grâce à internet et ses énormes possibilités, le commerce électronique s'est développé à une vitesse appréciable, malgré la réticence de certaines sociétés défavorables à ce mode de commercialisation. Néanmoins, la crise mondiale provoquée par le coronavirus a permis de venir à bout, dans une large mesure, de cette aversion en ouvrant le champ large devant le e-commerce qui a vu son chiffre d'affaires connaitre une ascension formidable. Désormais, faire le marché ne sera plus comme avant cette pandémie qui a remis à l'heure les problèmes de la sécurité sanitaire. Désormais, les comportements ménagers et sociaux devront se mettre au diapason de la nouvelle ère numérique qui s'installe dans toute sa splendeur. Une suprématie du numérique sur le système classique où le commerce électronique va connaitre les heures de gloire de toute son histoire.

CONCEPT E-COMMERCE

Selon Wikipedia le commerce électronique est l'échange pécuniaire de biens, de services et d'informations par l'intermédiaire des réseaux informatiques, notamment Internet. Ceci revient à dire que le e-commerce s'occupe de paiements à l'aide d'outils électroniques. Avec la Covid-19, de beaux jours devant ce mode de commerce qui n'est nullement nouveau. Au contraire, avant cette maladie, il avait tendance à se développer. Celle-ci n'est venue qu'accélérer le processus en balayant toutes les appréhensions qui empêchaient son envol. Aujourd'hui, le chemin lui est balisé pour connaitre une réelle explosion. Le e-commerce va s'épanouir dans la durée en remodelant tout le paysage social et mercantiliste. En effet, les changements vont s'opérer même au niveau des États qui vont revoir à la baisse leur politique ultralibérale. Oui, ils vont prôner des politiques protectionnistes en établissant des barrières tarifaires et, aussi paradoxal que cela puisse paraître, encourager les exportations.

À QUI EST DESTINÉ CE LIVRE ?

L'essor de l'internet a révolutionné les habitudes et les façons de faire dans presque tous les secteurs d'activités. Le Dropshipping est l'une des méthodes les plus répandues qui a fait ses preuves à ses débuts, mais très vite montré ses limites. Par ailleurs, il existe certaines stratégies pour se donner plus de visibilité et augmenter les ventes sur internet.

L'objectif de ce livre est de vous aider à créer avec succès une marque à 6 chiffres et à moindre coût.

Avant de commencer....

Si vous avez déjà échoué en faisant du E-commerce par le passé, ce n'est pas forcément de votre faute, vu la profusion d'informations, surtout celles qui prêtent à confusion.

Exemple : deux tutoriels expliquant deux façons différentes et opposées de faire une même chose)

Pour réussir dans le e-commerce, il vous suffit de suivre la bonne personne.

Le e-commerce n'est pas forcément synonyme de produit winner.

Nous lisons et entendons partout que créer une marque est difficile, que cela prend du temps, et que c'est extrêmement cher, etc. Eh bien, ce n'est pas vrai !

Si vous pensez que le Dropshipping n'est pas éthique, vous avez raison !

Cet ebook s'adresse à deux types de personnes :

— Les personnes qui débutent dans le monde de l'ebook
— Les personnes qui ont déjà de l'expérience dans l'e- commerce

Il vous aidera à appréhender les sujets suivants:

— Pourquoi créer une marque au lieu du Dropshipping
— Comment dépasser toute la concurrence de votre secteur
— Comment créer une marque à moins de 100 euros.
— Comment fournir un service à la hauteur des attentes de vos clients
— Comment drainer la clientèle de la concurrence vers votre boutique

L'E-COMMERCE ET SES VARIANTES

LE E-COMMERCE ET SES VARIANTES

Le e-commerce est l'activité de vendre des produits sur internet à travers un site marchand. Il existe une multitude de variantes et stratégie du e-commerce avec ou sans stock comme le Dropshipping. De grandes marques comme « Decathlon » ou « Louis Vuitton » font du e-commerce en développant une boutique en ligne ! C'est tout ce qui fait la force de e-commerce actuellement et la raison pour laquelle il faut saisir cette belle opportunité pour lancer et développer un business intéressant, afin de gagner sa vie sur Internet. Évidemment, il va falloir convertir les visiteurs potentiels en clients essentiels.

Si vous créez un site internet pour vendre des produits en ligne, ne serait ce qu'un ou deux, vous êtes alors un e-commerçant ! Le principe du e-commerce est très simple et s'explique comme suit :

— Vous disposez ou non de produits que vous désirez vendre
— Ces derniers sont placés sur votre site internet
— Des visiteurs arrivent sur votre site via la publicité ou le référencement naturel
— Ils commandent le produit chez vous et vous recevez le paiement permettant de vous financer et de faire croître votre entreprise

Pour cela, vous pouvez utiliser des CMS (Content Management System). C'est un service en ligne ou programme qui vous permet de créer très facilement des sites internet sans même avoir des connaissances en informatique. Il est possible d'utiliser Shopify, WooCommerce ou Prestashop qui sont les leaders du marché pour mettre en place son E-commerce. Une occasion parfaite pour se lancer sur la vente en ligne sans avoir besoin de coder son propre site internet commerçant !

1 - **Le Dropshipping** : vous n'avez pas de stock. Dès qu'un client commande sur votre site internet, vous contactez le fournisseur pour lui demander d'envoyer directement le produit chez le client.

2 - **Le e-commerce sur un site marchand** : vous vendez vos produits sur votre site et/ou avec un site marchand/une plateforme comme Amazon, le bon coin ou Cdiscount.

3 - **La vente avec la livraison automatisée par Amazon FBA** : quand un client commande sur ton site, c'est Amazon qui va directement livrer le client à votre place avec le stock que vous aurez envoyé au préalable chez eux.

LES DIFFÉRENTES FORMES DE COMMERCE ÉLECTRONIQUE

L'univers du commerce électronique est vaste, riche et varié et englobe toute une panoplie de modèles aussi spécifiques que distincts. Cependant nous distinguons une certaine classification selon le profil et le modèle commerciaux.

1-Profil commercial

Dans cette catégorie de e-commerce, le commerce est ciblé à destination d'une une clientèle spécifique :

1-B2B (Business-to-Business) : entreprises à entreprises ou entreprises à artisans et spécialistes. Exemple : entreprise du cuir à des maroquiniers.

2-B2C (Business-to-Consumer) : entreprises à consommateurs. Les objets de vente sont des produits et des services. Exemple : Amazon, Alibaba....

3-C2B (Consumer-to-Business) : plateformes servant de supports aux consommateurs proposant leurs produits ou services. Exemple : les portails de freelance comme rédacteur.com, upwork.com...4-C2C (Consumer-to-Consumer) : portails facilitant la vente de produits et d'articles entre consommateurs. Exemple : Leboncoin, Cdiscount...5euros.com

2. Modèle commercial

La technologie et les techniques informatiques avançant à pas rapides de géant, le e-commerce connait des changements aussi quantitatifs que performants. Il s'adapte aux nécessités du marché en répondant favorablement aux besoins pluriels d'une clientèle sans cesse grandissante. Sur le Net prolifèrent des e-commerces multiples et différents :

1-Boutique en ligne : désormais tout un chacun peut avoir sa propre boutique en ligne pour peu que l'on investisse le champ du e-commerce.

2-Dropshipping : c'est toujours une vitrine en ligne, seulement les produits appartiennent à un tiers. Les articles n'appartiennent pas au détenteur du e-commerce, mais à un autre vendeur qui envoie le produit en cas de commande

3-E-commerce en affiliation : presque identique au dropshipping, l'affilié redirige le client vers la vitrine dont il est affilié qui lui verse une commission pour service rendu.

4-Marketplace : c'est une vitrine englobant plusieurs boutiques. C'est un site web servant de support où plusieurs vendeurs proposent leurs articles. Amazon s'impose comme un modèle type de ce genre de service. Les vendeurs reversent évidemment une commission à l'écoulement de leurs produits.

5-Servicices (services): évidemment ce sont généralement des e-commerces d'accompagnement qui proposent des coachings, dispensent des formations, prodiguent des coachings. C'est un e-commerce sans risques !

« Si vous voulez réussir, trouvez le moyen d'imiter ceux qui ont réussi. »Tony ROBBINS

STRATÉGIE 1

PERCER AU MILIEU DE LA CONCURRENCE DANS VOTRE SECTEUR

PERCER AU MILIEU DE LA CONCURRENCE DANS VOTRE SECTEUR

Pour pouvoir déjà arracher à votre concurrence tout le succès, il faut commencer par :

1ère étape: identifier ceux qui ont du succès dans votre secteur
L'idéal est de pouvoir se baser sur 2 ou 3 boutiques. Dans le cas où vous n'avez pas de concurrents qui ont réellement réussi dans votre niche, vous pouvez vous rabattre sur la niche la plus rapprochée de la vôtre. Un autre moyen est celui de se tourner vers le marché anglophone de votre niche.

2ème étape: analyser les concurrents
Vous devez pour cette tâche vous pencher sur chacune d'elle minutieusement pour en tirer le meilleur. De préférence, prenez les points de similitudes entre elles. Aussi, étudiez les points de divergences, sinon les échecs, car cela peut vous servir, d'une façon ou d'une autre.

3ème étape: imiter leurs stratégies gagnantes
Si par exemple, vous remarquez que l'un des points communs entre ces boutiques est le Design, le même que celui de leurs boutiques, alors faites-en de même ! Il est bien d'imiter, mais faites le avec intelligence.

4ème étape: infiltrer la concurrence
Il ne suffit pas de naviguer sur les sites des concurrents pour tout découvrir de leurs stratégies. C'est pourquoi, au besoin, il faut mettre la main à la bourse et consommer leurs produits. De cette façon, vous apprendrez mieux sur leur service après-vente, leur stratégie de Customer caring, leur style de rédaction mail aux clients, leurs temps de livraisons etc.

5ème étape: implémenter les stratégies
Le fait de prendre connaissance ne suffit pas, il faut appliquer ! Aussi, ne vous attelez pas à faire du copier-coller, car il y a forcément certaines spécificités, certains paramètres qui sont propres à chaque entreprise/boutiques. Cherchez le vôtre et adaptez les stratégies de vos concurrents en y tenant compte

STRATÉGIE 2

CRÉER UNE MARQUE À FAIBLES COÛTS

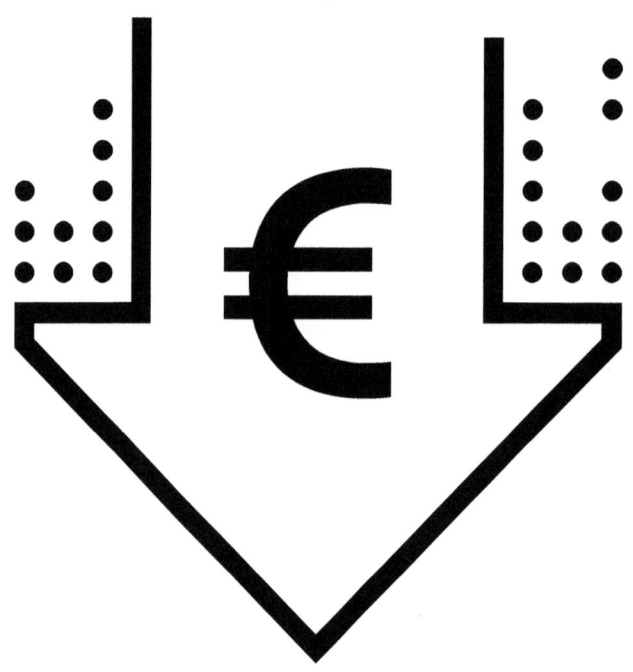

CRÉER UNE MARQUE À FAIBLES COÛTS

Oui, il est possible de créer une vraie marque à très bas prix (moins de 100 euros) ! Pour y arriver, commencer par :

1ère étape : acheter le produit à partir duquel l'on veut créer sa marque
Pour vous lancer dans le E-commerce, il vous faut un produit à commercialiser et pour ce faire, vous devez l'acheter. En effet, il existe des plateformes de vente en gros qui proposent des produits à des prix très réduits, lorsqu'on achète une certaine quantité. En fonction du produit que vous voulez commercialiser, le prix sur les plateformes de vente de gros varie entre 50$ et plus.

2ème étape : penser au packaging
Le packaging est cette touche de personnalisation qu'on apporte aux produits que nous vendons et qui fait que le client pourra nous recommander. Une étiquette avec votre logo sur le produit, par exemple. Le prix pour avoir 500 étiquettes est seulement de 20$. En fonction de ce que vous voulez faire, le prix varie généralement entre 30 et 70$ maximum.

3ème étape : Le stockage
Le stockage de produit est absolument gratuit tant que vous n'avez pas de commandes. De plus, les frais que les propriétaires de ces entrepôts vous demandent de payer sont presque insignifiants comparés au prix de vente global de la marchandise concernée. Il existe de ces entreprises de stockage en Chine ou même en France et il n'y a pas d'intermédiaires (comme AliExpress) avec un délai de livraison très court (15 jours max). Récapitulons: produits compris entre 50 et 70$ + Packaging à 20$ + Stockage gratuit = maximum 90$ soit inférieur à 100 euros.

STRATÉGIE 3

FOURNIR UN SERVICE À LA HAUTEUR DES ATTENTES DES CLIENTS

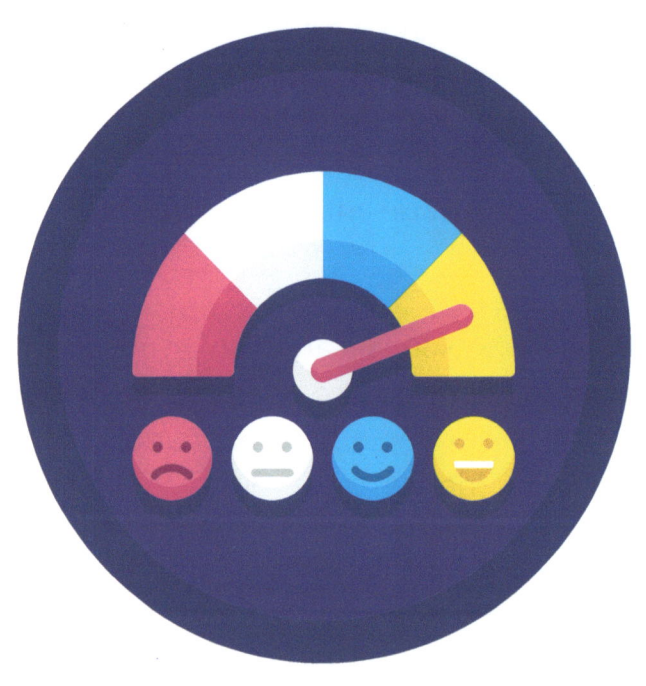

FOURNIR UN SERVICE À LA HAUTEUR DES ATTENTES DES CLIENTS

Sachez que le dicton qui dit que « le client est Roi ! » est de mise, lorsque vous faites du E-commerce. Le plus dur dans ce secteur n'est pas la clientèle adéquate, mais plutôt tout ce qui a été abordé plus haut. En effet, vous devez accorder un intérêt particulier à non seulement satisfaire vos clients, mais aussi à aller au delà de leurs attentes. Il existe de nos jours ce qu'on appelle les agents privés.

Les agents privés sont des individus intermédiaires entre vous et le marché sur lequel proviennent vos marchandises vers vos clients... Ils sont essentiels, car ils peuvent :
— gérer les colis personnalisés
— vous aider à stocker gratuitement vos produits en Chine
— livrer plus rapidement
— sont fiables
— sont moins onéreux
— un seul s'occupe de vous...

Pour avoir un agent qui soit à votre disposition gratuitement, il y a quelques petites étapes à suivre.

Étape 1: se rendre sur www.cjdropshipping.com
« CjDropshipping » est une entreprise de logistique spécialisée dans le stockage, l'emballage et l'expédition de vos colis. Jusqu'à l'heure où est rédigé cet ouvrage, il n'y a pas mieux dans le monde du e-commerce.

Étape 2: contacter votre agent
Il est possible même de disposer de votre agent et de toutes les facilités bien avant votre premier achat. Vous allez vous poser la question : Mais que gagnent-ils à faire gratuitement ce travail? Vous avez raison ! Comme je l'ai souligné plus haut, ces agents perçoivent des commissions que lorsque vous effectuez une vente.

Étape 3: Satisfaction de vos clients
Avec la puissance, la multidisciplinarité et la réactivité des agents, vos clients pourront être satisfaits et en retour vous recommander auprès des autres, revenir faire un achat, servir d'ambassadeurs sur les réseaux sociaux grâce à leurs avis sur votre boutique.

STRATÉGIE 4

COMMENT DRAINER LA CLIENTÈLE DE LA CONCURRENCE VERS VOTRE BOUTIQUE ?

COMMENT DRAINER LA CLIENTÈLE DE LA CONCURRENCE VERS VOTRE BOUTIQUE ?

Avant tout, un taux de conversion très bas n'est pas bon pour les affaires en e-commerce, car cela démontre que votre stratégie marketing n'est pas au point.Sachez que l'Internet est un monde à part, car il regorge d'outils et de systèmes très utiles dans tous les domaines.

Étape 1: **se renseigner sur la concurrence**
Pour notre tâche, il existe un outil gratuit qui vous permet de savoir exactement quels sont les canaux qu'utilisent vos concurrents pour faire des chiffres. Grâce à l'imitation de leur stratégies de vente et cet outil, vous êtes en mesure de vendre comme eux. L'outil en question est un site web : www.similarweb.com.
Lorsque vous vous rendez sur le site web, entrez l'URL du site web concurrent que vous voulez étudier, puis validez. Une page s'affichera avec toutes les informations nécessaires: sources de trafic, nombre de visites totales, la durée moyenne à chaque visite, et bien plus encore.

Étape 2: **prendre connaissance des publicités qu'ils font.**
Une fois avoir eu connaissance des informations sur leur audience, il est temps de savoir comment communiquent-ils.
Et quels styles de communiqués font-ils, etc.
Pour cela, rendez-vous dans la bibliothèque publicitaire de Facebook. Il est tout aussi gratuit que les autres outils Facebook comme la plateforme Facebook Business. Vous avez, grâce à la bibliothèque, non seulement les publicités de vos concurrents qui tournent actuellement, mais aussi toutes celles qui ont été lancées. Grâce à cela, vous pouvez facilement analyser minutieusement toutes leurs stratégies marketing (qui ont marché ou pas).

Étape 3: **implémenter leurs stratégies marketing**
Maintenant que vous savez où est-ce qu'ils font de la publicité et ce qu'ils disent pour réaliser autant de gain, il est maintenant temps de les imiter. Il s'agit de:
vous inspirer de leur Design
vous inspirer de leur texte
vous inspirer des placements.
Pour ce faire, vous pouvez vous servir d'une autre plateforme de Design : il s'agit de www.canva.com. Ce site est assez complet et en plus, il est 100% gratuit et ne nécessite aucune expérience en graphic designing.

CONSEILS POUR RÉUSSIR SON E-COMMERCE EN LIGNE

CONSEILS POUR RÉUSSIR SON E-COMMERCE EN LIGNE

En plus des différents conseils, recommandations et suggestions faites tout le long de cet ebook, voici encore quelques infos utiles :

- Votre orthographe doit être irréprochable. Pour cela, vous pouvez utiliser des correcteurs d'orthographe en ligne pour rédiger la description de vos produits et le contenu de votre site.

- Il faut être à l'aise avec internet. Même si un CMS permet de créer très rapidement un site e-commerce, il faut en connaître tout le vocabulaire et être à l'aise avec cela.

- Il faut savoir vendre ! Rédiger de jolies descriptions qui permettent d'augmenter tes taux de conversion, des mails envoûtants et ainsi de suite.

- Gérer le service client ou le SAV (service après vente) est chronophage et mettra tes nerfs à rudes épreuves.

- Vous devez apprendre à faire de la publicité avec Facebook, YouTube, Google AdWords, travailler votre référencement.

- Vous devez savoir faire un peu de graphisme, un peu de montage vidéo, savoir comment créer votre entreprise et bien vous protéger juridiquement.

En bref, vous devez consacrer énormément de temps à l'apprentissage.

CONCLUSION

Faire du E-commerce n'a jamais été facile, encore moins ces dernières années. Grâce à ces stratégies qui vous ont été exposées tout le long de cet ouvrage, vous pouvez sereinement espérer diriger une entreprise en ligne, créer une marque à 06 chiffres rentable, stable et pérenne.
Très bon vent dans votre projet !

NOTES

NOTES

DROITS RÉSERVÉS (COPYRIGHT) : © ANOH REINE, 2020

« LE CODE DE LA PROPRIÉTÉ INTELLECTUELLE ET ARTISTIQUE N'AUTORISANT, AUX TERMES DES ALINÉAS 2 ET 3 DE L'ARTICLE L.122-5, D'UNE PART, QUE LES « COPIES OU REPRODUCTIONS STRICTEMENT RÉSERVÉES À L'USAGE PRIVÉ DU COPISTE ET NON DESTINÉES À UNE UTILISATION COLLECTIVE » ET, D'AUTRE PART, QUE LES ANALYSES ET LES COURTES CITATIONS DANS UN BUT D'EXEMPLE ET D'ILLUSTRATION, « TOUTE REPRÉSENTATION OU REPRODUCTION INTÉGRALE, OU PARTIELLE, FAITE SANS LE CONSENTEMENT DE L'AUTEUR OU DE SES AYANTS DROIT OU AYANTS CAUSE, EST ILLICITE » (ALINÉA IER DE L'ARTICLE L. 122-4). CETTE REPRÉSENTATION OU REPRODUCTION, PAR QUELQUE PROCÉDÉ QUE CE SOIT, CONSTITUERAIT DONC UNE CONTREFAÇON SANCTIONNÉE PAR LES ARTICLES 425 ET SUIVANTS DU CODE PÉNAL. »

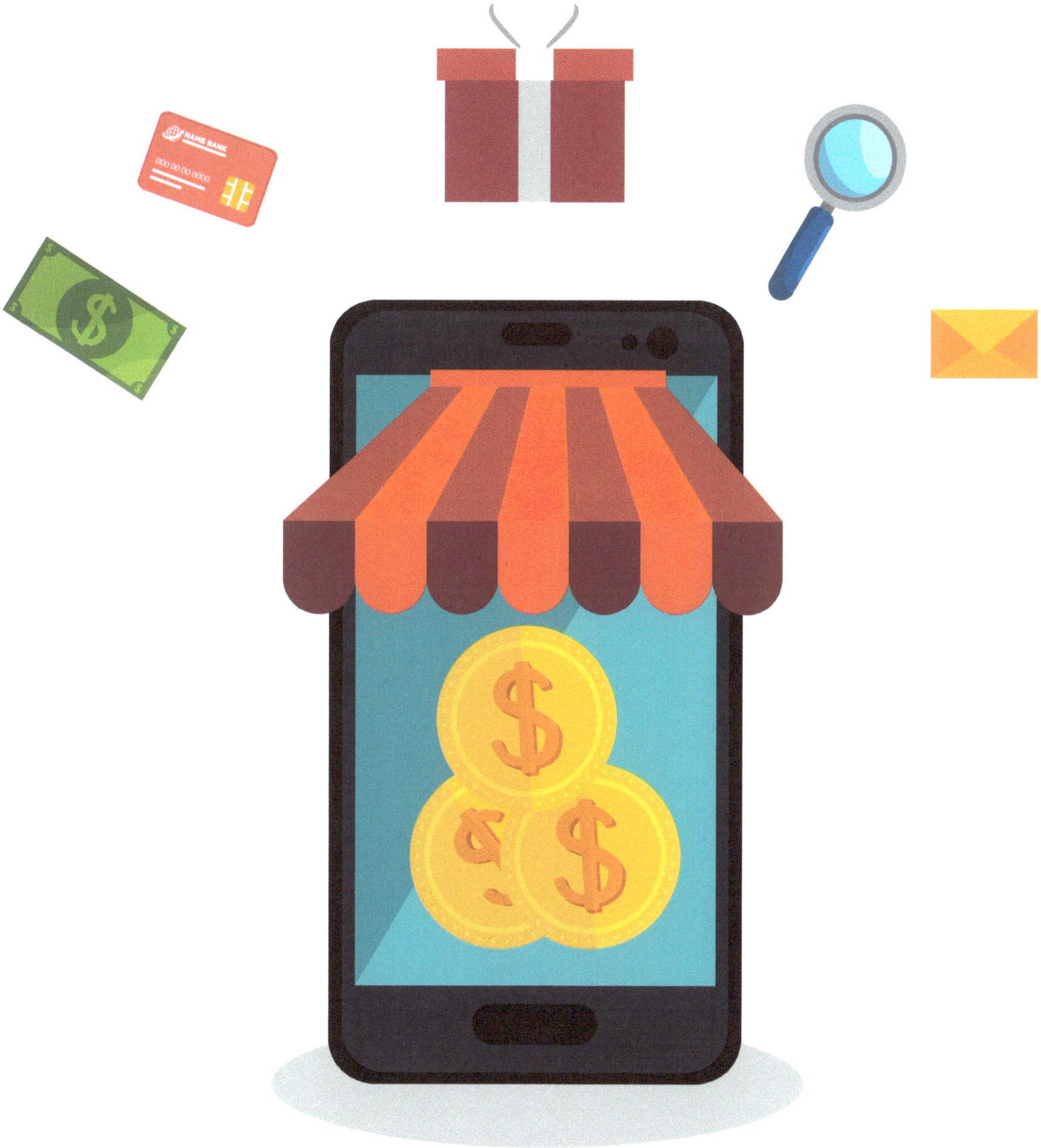

ANOH REINE

www.ingramcontent.com/pod-product-compliance
Lightning Source LLC
Chambersburg PA
CBHW051838210526
45473CB00005B/1926